Printed in France by Amazon
Brétigny-sur-Orge, FR

13275170R00058